Chloé

Le coffret mystérieux

hachette
FRANÇAIS LANGUE ÉTRANGÈRE

hachettefle.fr

Pour découvrir nos nouveautés,
consulter notre catalogue en ligne,
contacter nos diffuseurs, ou nous écrire,
rendez-vous sur Internet :
www.hachettefle.fr

Couverture : Anne-Danielle Naname
Conception graphique et mise en pages : Anne-Danielle Naname
Illustrations : Bruno David
Secrétariat d'édition : Cécile Schwartz

ISBN : 978-2-01-155685-1

Sommaire

Le rêve de Luke

Paris – 10 décembre

Luke sort lentement de son sommeil. Il ouvre un œil. Dans sa capsule, il fait noir et il n'entend pas les bruits du monde extérieur. Son corps flotte dans l'eau. Il ne ressent ni la chaleur ni le froid. Il est bien, mais un peu inquiet. Il repense au rêve étrange de cette nuit. Peut-être une prémonition ?

Il passe sa langue sur ses lèvres. Le goût salé de l'eau le ramène peu à peu à la réalité. Il ouvre d'un coup le couvercle de sa capsule et sort.

Les mots en orange renvoient à la rubrique *Mots et Expressions*, p. 32.

Les autres capsules à côté de la sienne sont encore fermées. Son père, sa mère et sa petite sœur Mina dorment toujours.

Il va vers la **cabine** de séchage et met rapidement une **combinaison** propre.

Marc, lui, est réveillé à cette heure-ci, c'est sûr. Luke veut lui raconter son rêve. Mais avant d'appeler son meilleur ami, il va à la cuisine. Il regarde le **calendrier** alimentaire : aujourd'hui il doit prendre une **gélule** rose fluo. Ce sont des vitamines : une **ration** complète pour toute la journée. Il l'avale et cherche W12.

– Mais où peut-il bien être ? Sûrement en train de **recharger ses batteries** !

Soudain un petit robot, à la **mine** sympathique, passe dans les airs à la hauteur de sa tête. Sa voix métallique lance un joyeux « Bonjour, Luke ! ».

– Ah, te voilà enfin ! Bonjour. Je dois parler à Marc. C'est **urgent** !

– Tes désirs sont des ordres. Viens avec moi !

Dans le salon, un écran géant apparaît.

– Luke, il est 7 heures ! Tu n'as pas peur de réveiller Marc et toute sa famille ?

– Mais non ! Aujourd'hui c'est jour de **repos**. Marc aime bien se lever tôt.

– Oui, il est comme toi ! Mais quand vous allez étudier à la **cyberthèque**, les réveils sont plus difficiles, n'est-ce pas ?

– Bon, la **connexion** est prête ?

W12, le petit robot de Luke, est face à l'écran. Soudain un message apparaît :

« Premier essai de connexion. Un instant, s'il vous plaît… »

Luke attend **avec impatience** la connexion. Il est inquiet. Il a très envie de raconter son rêve étrange à Marc. Comment va-t-il réagir ? S'il n'a rien à faire aujourd'hui, ils vont pouvoir se voir.

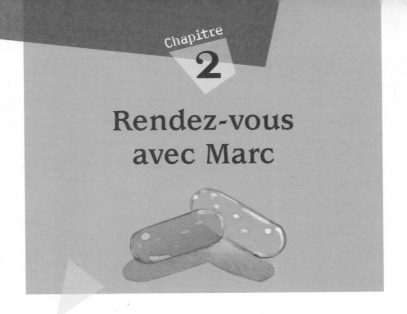

Chapitre 2

Rendez-vous avec Marc

Luke et Marc sont amis depuis leur enfance. Ils partagent de nombreuses **passions** : les jeux vidéo, les courses en navette dans l'espace, la collection de roches venues d'autres planètes… Et ils aiment aussi les études, même si W12 pense le contraire.

Ils adorent aller à la cyberthèque pour suivre les cours ensemble. Surtout cette année ! Ils étudient les « Civilisations du début du deuxième millénaire » : la vie des Terriens au XXIe siècle, leurs **inventions**, leurs découvertes, leurs manières de s'habiller, leurs musiques préférées… C'est passionnant ! Bien sûr, cette période est très ancienne mais c'est une époque très intéressante.

– Allez, W12, essaie encore une fois de **joindre** Marc. C'est sûr, il est déjà réveillé !

Marc apparaît à l'écran. Il a les yeux tout endormis.

– Bonjour Marc. Enfin !

– Salut Luke. Je t'appelle avant d'aller à la cabine de séchage. Que se passe-t-il ? C'est urgent ?

– Hum… je ne sais pas. C'est à cause d'un mauvais rêve. Un **événement** terrible va arriver, j'ai une prémonition ! On peut se voir aujourd'hui ?

– Bah… oui ! Je prends un télé-transporteur et je suis chez toi en quinze secondes.

– À tout de suite, alors.

L'écran géant se referme.

– Luke, n'oublie pas de prendre ta gélule verte, dit W12.

– Verte ? Comment ça, verte ? Regarde le calendrier alimentaire : c'est une rose fluo ce matin !

– Mais non, regarde : « 10 décembre 2420 : gélule verte le matin et noire le soir. » Tu te **trompes** toujours !

La météorite

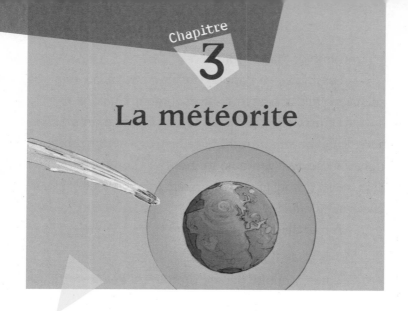

Luke et Marc vont faire un tour près de la grande rivière. L'eau est comme le ciel : orange. Le ciel n'est plus bleu sur la Terre. Depuis deux siècles, il n'y a plus d'oxygène. Il n'y a plus de forêts, ni de plantes, ni d'océans. Les rivières sont artificielles. Aujourd'hui, la Terre ressemble à un immense désert de sable rouge et les hommes respirent un gaz orange.

Luke et Marc aiment bien aller à la cyberthèque. Ils découvrent les anciens paysages de leur planète : les grandes forêts, les eaux bleues de l'océan Pacifique, les déserts de glace du pôle Nord...

– Alors, Luke, tu me racontes ton rêve ?

– Tu vas voir, c'est une aventure incroyable... mais étrange. Ce rêve me fait peur !

– Comment ça ?

– C'est difficile à raconter. Toi et moi, nous participons à un événement très important. Et nous sommes en danger. Mais on n'est pas seuls. Il y a une autre personne. Grâce à elle, on évite une terrible **catastrophe** ! C'est quelqu'un proche de nous. Mais je ne sais pas qui…
Mina ! Mais que fais-tu, là ? Tu nous **espionnes** ? demande Luke.

– Moi ? Non. Je n'écoute pas vos **bêtises** ! Une aventure « incroyable » : vous avez de l'imagination !

La « petite **peste** » comme l'appelle son frère, vient d'avoir douze ans. Luke et Marc ont quinze ans mais Mina a souvent le dernier mot ! Elle est très intelligente pour son âge.

Marc et Luke regardent Mina repartir. Soudain, un énorme bruit vient du ciel. Une lumière se dirige vers eux.

C'est une **météorite** ! Les deux amis sont terrorisés ! Il n'y a plus d'**atmosphère** sur la Terre, et chaque jour plusieurs météorites s'écrasent.

Luke et Marc ne bougent plus. La météorite tombe juste à côté d'eux puis roule vers la rivière.

Mina arrive en courant.

– Ça va ? Vous allez bien ?

– Oui ça va. Heureusement !

La météorite n'est pas très grosse. Elle est maintenant dans l'eau orange. Quand la **vapeur** d'eau disparaît, les amis s'approchent : ils voient quelque chose **briller** sur le bord de la rivière. Alors ils **creusent** la terre avec leurs mains…

Un vieux coffret apparaît. Luke le prend doucement. Il lit les quatre chiffres écrits sur le couvercle : 2 0 0 8.

Souvenirs du passé

Luke, Marc et Mina décident de rentrer tout de suite.

Les parents de Luke ne sont pas là mais W12 garde la maison. Assis devant le coffret, les trois amis s'interrogent.

– 2 0 0 8 ? Ça veut dire quoi ? demande Luke.

– 2008, c'est l'année de fabrication de la boîte, répond W12. Je viens d'**analyser** au **carbone 14** le contenu de ce coffret. Son âge correspond à la date inscrite.

– Ce coffret date de trois siècles ? Incroyable ! dit Marc.

– Mais que fait ce coffret ici ? s'interroge Luke.

– C'est peut-être un coffret laissé par les hommes de cette époque-là pour les générations futures, dit Mina.

– Oui, c'est vrai, ajoute Marc. Souvent, les scientifiques trouvent des boîtes comme ça dans l'espace !

– À votre avis, il y a quoi à l'intérieur ? Des robots, des inventions, des…

W12 ne laisse pas Luke finir sa phrase :

– À l'intérieur, je vois plusieurs objets grâce à mes rayons X. J'en connais deux ou trois. Pour les autres, je ne sais pas ce que c'est. Ce sont des objets anciens et je ne suis pas programmé pour les reconnaître.

– Ouvrons-le, dit Luke.

Luke, Marc et Mina imaginent comment sont leurs trésors :

– C'est peut-être une pierre qui rend les hommes éternels, comme la « pierre philosophale » ? propose Luke.

– Mais non, répond Marc, ce n'est pas possible. Au XXIe siècle, les hommes vivent jusqu'à quatre-vingts ans.

– Quatre-vingts ans ? C'est tout ? lance Mina, étonnée. Maintenant, à quatre-vingts ans, on est à la moitié de sa vie. Et de quoi meurent les gens à cette époque ?

– De maladies ! selon les documents de la cyberthèque.

– Et il y a les guerres aussi. Beaucoup de gens sont morts pendant les guerres du XXIe siècle !

– Des guerres ? Quelle idée ? s'étonne Mina.

– Ah, ça y est ! s'écrie Luke, il est ouvert !

Ils peuvent maintenant voir et toucher des objets vieux de trois siècles.

– C'est quoi, ça ? demande Mina. Un jeu ? Qu'est-ce que ça veut dire *PSP* ?

– Comment ça marche ? Un peu primitif, non ?

– Oui, mais peut-être pas pour l'époque ! Et regardez cette image, ça doit être un chanteur ou un président… dit Marc.

– Comment il s'appelle ? demande Luke.

– C'est Zinedine Zidane, un des plus grands footballeurs du XXIe siècle. Je suis programmé pour reconnaître une centaine de personnes par siècle ! se vante W12.

– *Footballeur* ? interroge Luke.

– Oui le football est un ancien sport, leur explique W12.

Grâce à W12, les trois amis apprennent beaucoup de choses. En 2008, les hommes écrivent avec des *stylos*. Ils portent des chaussures bizarres appelées *baskets*. Ils mangent avec une *fourchette* et un *couteau*. Ils utilisent des *C.D.* pour écouter de la musique. Ils lisent des *journaux* pour s'informer (les trois amis découvrent un exemplaire du 1er avril 2008), et des *livres* de Tolkien (mais qui est Tolkien ? même W12 ne le sait pas !).

– Et cet objet rouge ? C'est joli, mais c'est quoi ? demande Mina.

– Aucune idée. Maintenant vous devez apporter ces objets aux Autorités. C'est interdit de les garder ! leur rappelle W12.

– Mais oui, ne t'inquiète pas, répond Luke. On va les apporter tout de suite à la Commandance.

– Très bien, je prépare un télé-transporteur, dit W12. Et il disparaît dans le couloir.

Luke donne le coffret à Marc.

– Vite, emporte-le chez toi. Et cache-le. Et toi, Mina, surtout ne dis pas un mot de notre découverte. C'est compris ? dit Luke énervé.

– Oui, mais je veux être là quand vous allez l'ouvrir la prochaine fois. Sinon je raconte tout à W12 !

Elle a vraiment toujours le dernier mot, cette petite peste ! pense Luke, en colère.

Chapitre 5

L'objet mystérieux

Comme tous les 31 décembre de chaque année, il est **strictement** interdit de sortir. Les adolescents de plus de quatorze ans ont cours à la cyberthèque. Les plus petits restent chez eux.

Ce jour-là, le gaz orange qui remplace l'atmosphère de la Terre doit être changé sur toute la planète.

Ce nouveau gaz, très **inflammable**, est très dangereux. Pour éviter les accidents, il est interdit de sortir, de faire des courses, de se promener... Tout le monde doit rester enfermé du matin au soir.

Depuis des années, les scientifiques travaillent sur ce nouveau gaz. Mais il présente un gros problème : les appareils et les machines ne sont plus **autorisés**. Une seule **étincelle** et tout explose !

Les générations du passé sont responsables de cette situation. Et les hommes de 2420 doivent trouver des solutions pour survivre.

Aujourd'hui le robot Didakta, le cyberthéquaire, est étonné. En effet, Luke et Marc écoutent avec attention son cours sur les civilisations du deuxième millénaire.

Ils lui posent de nombreuses questions sur un mystérieux objet. Bien sûr, Didakta ne sait rien de leur découverte. Il leur répond aimablement.

– Mais comment connaissez-vous cet objet ? demande-t-il, curieux ?

– Il est dans une vidéo de la cyberthèque. Et on veut savoir comment il s'appelle, répond Luke.

– Il est fait avec du plastique et du fer, explique Marc à Didakta.

– Il est allongé et mesure plus ou moins six centimètres…

– Et il a une petite roulette sur un côté…

– Oui, et il est rouge ! ajoute Luke.

Didakta n'a jamais vu cet objet. Il ne peut pas les aider. Les deux amis n'insistent pas, pour ne pas éveiller de soupçons.

La sirène sonne. C'est la fin de la journée. Ça y est, l'air est changé. Tout le monde peut sortir pour rentrer à la maison ou faire une promenade.

Il est tard. Heureusement, Luke et Marc n'ont pas cours le lendemain.

– Marc, est-ce que le coffret est bien caché ? Personne d'autre n'est **au courant** ?

– Ne t'inquiète pas, Luke ! Viens chez moi vers 10 heures. J'ai très envie de l'ouvrir et de m'amuser un peu avec nos trésors...

– Oh oui, moi aussi ! Vivement demain !

Le matin suivant, Luke sort rapidement de sa capsule. Il s'étonne de voir celle de Mina déjà vide.

– Tiens ? Où est allée la « petite peste » de si bonne heure ? **Tant mieux**, je peux aller tout seul chez Marc. On va être **tranquilles**.

Grâce à son télé-transporteur, il arrive chez son ami quelques secondes plus tard. Marc l'attend. Il est impatient de revoir les **antiquités**. Mais il est inquiet : si les Autorités découvrent le coffret, ils vont avoir de sérieux problèmes. Et leurs parents aussi.

Assis devant le coffret, ils ouvrent le couvercle. Leurs trésors sont là, devant eux.

Luke passe un « stylo » sur la première page du livre de Tolkien. Un trait rouge apparaît.

– C'est drôle cette manière d'écrire en couleurs, remarque Luke. Ah c'est vrai : en 2008, les crayons ne changent pas de couleur au son de la voix !

– Dommage, les lecteurs de « C.D. » n'existent plus, ajoute Marc, déçu. On ne peut pas écouter ce *C.D.* et découvrir la musique préférée des jeunes du xxie siècle !

– Fais voir l'objet mystérieux. Comment ça marche ? On essaie de tourner la petite roulette ?

– Tu es sûr ? Ce n'est pas une bonne idée ! dit Marc inquiet. C'est peut-être dangereux...

6

Et le rêve
devient réalité !

Ce matin-là, la « petite peste » va à la cyberthèque. Didakta est très étonné de la voir ici un jour de repos.

> – Euh... je viens consulter les archives.
> – Tu as besoin de mon aide ? lui demande Didakta.
> – Non, non. Merci.
> – Bon, je te laisse toute seule, alors. Travaille bien !

Mina va pouvoir découvrir les millions d'informations de la cyberthèque.

Pendant plus d'une heure, elle cherche tous les objets de couleur rouge dans les archives photographiques du XXIe siècle. Mais rien ne ressemble à celui du coffret.

Elle s'intéresse ensuite au contenu du sac d'un adolescent du XXIe siècle. Mais rien ne la met sur la piste.

Elle décide alors d'enquêter sur les jeunes de cette époque. Elle consulte des dizaines de statistiques et des photos : « Les goûts des jeunes en musique », « La mode chez les ados », « Les études suivies par les jeunes », « Les adolescents fumeurs »…

« Fumeurs » !? Elle ouvre de grands yeux quand elle voit un paquet de petits tubes blancs appelés *cigarettes* et un autre objet appelé briquet.

Cet objet est bleu, lui. Il n'est pas rouge comme celui du coffret. Mais il est presque identique !

Mina pose son doigt sur l'écran tactile. À côté de la photo du briquet, il y a un petit texte :

« Objet servant à faire du feu. Il existe des briquets à essence, à gaz, à mèche, à… »

Mina devient toute pâle. Elle est paralysée par la peur, mais son cerveau, lui, continue à travailler :

Étincelle = feu. Et feu = catastrophe ! Avec tout ce gaz inflammable, la Terre va exploser !

Vite, elle saute dans le premier télé-transporteur. Elle doit arriver à temps chez Marc : ils sont en danger !

Elle entre dans la chambre de Marc. Luke a son doigt sur la petite roulette du briquet. Il va la faire tourner. Mina s'écrie :

– Arrête ! Tu vas tout faire exploser !

Luke et Marc la regardent, étonnés.

– Même s'il n'y a plus de gaz à l'intérieur, tu vas faire une étincelle ! leur explique-t-elle.

Luke lâche le briquet. À son tour, il est paralysé : deux secondes plus tard et « boum » !

– Quelle horreur ! C'est comme dans mon rêve… !

Il regarde Marc. Il est très pâle. Tous les deux rangent le contenu du coffret sans dire un mot et le referment.

– Il faut faire disparaître ce coffret, propose Luke, déçu.

– Oui, si nos parents ou les Autorités apprennent tout ça…

– Oh non ! dit Mina. JE viens de sauver la planète et vous êtes les seuls à le savoir !

C'est vrai, pense Marc, pauvre Mina ! Nous sommes tous en vie grâce à elle. Il réfléchit un instant. Il veut la consoler.

– Écoute, nous aussi, on peut préparer un coffret avec des objets de notre époque, pour les générations futures ! Et, on peut…

Mina l'arrête. Elle a une meilleure idée…

– Nos scientifiques travaillent depuis très longtemps sur une machine à remonter le temps, n'est-ce pas ?

– Oui, et alors ? demande Luke. Il ne comprend pas.

– Un jour, peut-être, on va pouvoir changer le cours du temps et expliquer aux hommes comment protéger notre planète Terre.

Luke ouvre de grands yeux : les idées de Mina sont parfois difficiles à suivre.

– Et dans notre coffret, on peut aussi faire des recommandations à ces hommes du passé, ajoute Marc. Il vient de comprendre l'idée de Mina.

– Exactement ! répond Mina. Aidons-les à protéger la Terre, les océans, les animaux et les plantes.

– Et surtout, on peut leur dire de ne pas fumer et de ne jamais inventer de briquets ! ajoute Luke en riant.

– Allez, au travail ! On met quoi dans notre coffret ?

& Mots
expressions

Activités

Corrigés

Chapitre 1

- **Avec impatience :** pressé, sans calme.
- **Cabine** *(n. f.)* : petit espace fermé où Luke se sèche et s'habille.
- **Calendrier** *(n. m.)* : tableau des jours de l'année.
- **Capsule** *(n. f.)* : espace fermé et rempli d'eau où dort Luke.
- **Couvercle** *(n. m.)* : partie qui sert à ouvrir et fermer la capsule.
- **Combinaison** *(n. f.)* : vêtement qui réunit une veste et un pantalon en une seule pièce.
- **Connexion** *(n. f.)* : liaison faite entre deux ordinateurs.

- **Cyberthèque** *(n. f. ; mot inventé)* : bibliothèque du futur.
- **Gélule** *(n. f.)* : petite pilule contenant des aliments réduits en poudre.
- **Mine** *(n. f.)* : visage, apparence.
- **Prémonition** *(n. f.)* : impression de savoir ce qui va se passer.
- **Ration** *(n. f.)* : quantité d'aliments mangés chaque jour.
- **Recharger ses batteries :** mettre du courant électrique dans ses circuits pour bien fonctionner.
- **Repos** *(n. m.)* : période sans activité.
- **Urgent** *(adj.)* : pressé, important.

Chapitre 2

- **Événement** *(n. m.)* : fait important.
- **Invention** *(n. f.)* : découverte, création d'objet.
- **Joindre** *(v.)* : appeler, entrer en contact.
- **Passion** *(n. f.)* : activité que l'on aime beaucoup.
- **Se tromper** *(v.)* : être dans l'erreur.

Chapitre 3

- **Artificiel** *(adj.)* : qui n'est pas naturel.
- **Atmosphère** *(n. f.)* : couche de gaz qui entoure la Terre.
- **Bêtise** *(n. f.)* : parole stupide.
- **Briller** *(v.)* : faire de la lumière.
- **Catastrophe** *(n. f.)* : accident, événement malheureux.
- **Creuser** *(v.)* : faire un trou.

- **Espionner** *(v.)* : se cacher pour observer quelqu'un.
- **Météorite** *(n. f.)* : morceau de roche qui circule dans l'espace.
- **Oxygène** *(n. m.)* : gaz que l'homme respire pour vivre.
- **Peste** *(n. f.)* : personne énervante.
- **Vapeur** *(n. f.)* : fumée d'eau provoquée par le contact de la roche chaude avec l'eau.

- ■ **Analyser** *(v.)* : dire de quoi est composé un objet.
- ■ **Carbone 14** *(n. m.)* : élément chimique qui permet de dater des objets.
- ■ **Être programmé** : être préparé.
- ■ **Primitif** *(adj.)* : simple.
- ■ **Rayons X** *(n. m. pl.)* : procédé physique qui permet de voir à travers les objets.
- ■ **Se vanter** *(v.)* : se mettre en valeur.

- ■ **Antiquité** *(n. f.)* : objet ancien.
- ■ **Autoriser** *(v.)* : permettre.
- ■ **Cyberthéquaire** *(n. m. ; mot inventé)* : celui qui s'occupe de la cyberthèque.
- ■ **Étincelle** *(n. f.)* : petite décharge électrique.
- ■ **Être au courant** : être informé.
- ■ **Éveiller des soupçons** : se comporter de façon à inquiéter quelqu'un.
- ■ **Inflammable** *(adj.)* : qui prend feu facilement.

- ■ **Responsable** *(adj.)* : qui est la cause d'une situation.
- ■ **Roulette** *(n. f.)* : petite roue qui tourne.
- ■ **Sirène** *(n. f.)* : appareil qui fait un son puissant.
- ■ **Strictement** *(adv.)* : complètement.
- ■ **Survivre** *(v.)* : rester en vie.
- ■ **Tant mieux** : c'est préférable.
- ■ **Tranquille** *(adj.)* : au calme, en paix.

- ■ **À mèche** : qui est composé de fils qui s'enflamment.
- ■ **Archives** *(n. f. pl.)* : ensemble de documents conservés.
- ■ **Briquet** *(n. m.)* : appareil qui sert à faire du feu.
- ■ **Consoler** *(v.)* : diminuer la peine de quelqu'un.
- ■ **Déçu** *(adj.)* : triste.

- ■ **Lâcher** *(v.)* : laisser tomber, ne plus tenir.
- ■ **Mettre sur la piste** : donner une information.
- ■ **Pâle** *(adj.)* : très blanche.
- ■ **Protéger** *(v.)* : faire attention.
- ■ **Ranger** *(v.)* : remettre en ordre.
- ■ **Recommandation** *(n. f.)* : conseil.
- ■ **Tactile** *(adj.)* : qui fonctionne par le toucher du doigt.

Activités

 Les personnages

Qui est qui ? Associe.

1. Marc	a. un robot
2. Mina	b. la sœur de Luke
3. Didakta	c. le meilleur ami de Luke
4. W12	d. un des héros de l'histoire
5. Luke	e. le cyberthéquaire

 Coche la bonne réponse.

1. Luke et Marc ont :
- ☐ **a.** quatorze ans.
- ☐ **b.** douze ans.
- ☐ **c.** quinze ans.

2. Luke et Marc se connaissent depuis :
- ☐ **a.** un an.
- ☐ **b.** quelques années.
- ☐ **c.** toujours.

3. Luke et Marc adorent :
- ☐ **a.** les jeux vidéo.
- ☐ **b.** étudier à la cyberthèque.
- ☐ **c.** se lever tôt le matin.

4. Selon Luke, Mina est :
- ☐ **a.** une gentille sœur.
- ☐ **b.** une petite peste.
- ☐ **c.** une fille intéressante.

Les lieux de l'histoire

Associe les lieux du récit à l'action qui s'y déroule.

1. La capsule
2. La rivière orange
3. La cyberthèque
4. La chambre de Marc

a. Une météorite s'écrase.
b. Luke fait un rêve étrange.
c. Luke et Marc jouent avec le briquet.
d. Mina consulte les archives photographiques.

 La vie sur Terre

Vrai ou faux ? Justifie ta réponse.

En 2420 :   Vrai   Faux

1. les hommes ne respirent pas.   ☐   ☐
2. les hommes dorment dans de l'eau salée.   ☐   ☐
3. les hommes vivent jusqu'à 80 ans.   ☐   ☐
4. la Terre ressemble à un immense désert
   de sable rouge.   ☐   ☐
5. des météorites s'écrasent chaque jour sur Terre.   ☐   ☐
6. les hommes se déplacent en voiture.   ☐   ☐
7. les hommes meurent à cause des guerres.   ☐   ☐

5

a. Retrouve 7 mots de l'histoire avec les syllabes de la grille.

1. La Terre en est une : une P_ _ _ _ _ _
2. Ce gaz permet aux hommes de respirer : l'O_ _ _ _ _ _
3. C'est une couche de gaz qui entoure la Terre : l'A_ _ _ _ _ _ _ _ _
4. Elle traverse le ciel : une M_ _ _ _ _ _ _ _
5. C'est un espace très sec et peu habité : un D_ _ _ _ _
6. Ce cours d'eau est orange dans l'histoire : une R_ _ _ _ _ _
7. C'est un ensemble d'arbres : une F_ _ _ _

TÉ	TE	FRET	VIÈ	O
RE	AT	RI	MÉ	PHÈ
RE	COF	FO	MOS	RÊT
NÈ	TE	O	XY	RI
GÈ	NE	DÉ	PLA	SERT

b. Quel mot peux-tu former avec les syllabes restantes ?

→ un _ _ _ _ _ _ _

Quelle histoire !

Remets l'histoire dans l'ordre.

1. Luke, Marc et Mina découvrent un coffret.

2. Luke lâche le briquet. La catastrophe est évitée.

3. Luke se réveille dans sa capsule.

4. W12 analyse le carbone 14 de la boîte.

5. Vite, il décide d'appeler Marc pour lui parler de son rêve étrange.

6. À la cyberthèque Mina enquête sur l'objet mystérieux.

7. Ils comprennent enfin le sens des quatre chiffres : 2008.

8. Près de la grande rivière, Luke raconte sa prémonition à Marc.

9. Luke ouvre le coffret. Ils découvrent des objets du XXIe siècle.

10. Une météorite traverse le ciel et s'écrase près d'eux.

11. Luke, Mina et Marc prépare un coffret avec des objets du futur.

12. L'objet à roulette est un briquet. Vite, Mina prend un télé-transporteur.

13. Marc prend aussitôt un télé-transporteur et rejoint Luke.

14. Marc emporte le coffret et le cache chez lui.

Complète les phrases et la grille. Puis découvre le mot mystérieux caché verticalement.

1. Luke se sèche dans une ....
2. Luke appelle Marc et le voit sur un .... géant.
3. Luke étudie à la ....
4. Luke dort dans une ....
5. Luke s'habille avec une ....
6. Luke prend une .... rose pour manger.
7. Le robot W12 recharge souvent ses ....

Mot mystérieux : Luke est .... à cause d'un rêve étrange.

 Luke et Marc étudient le XXIᵉ siècle. Entoure les mots de leurs découvertes. Barre les mots qui font partie de leur quotidien en 2420.

les baskets | le football | les gélules | les livres
les télé-transporteurs | une console PSP | les stylos
les fourchettes | les capsules de sommeil | les journaux
un écran tactile | les C.D. | les couteaux | un
cyberthéquaire | une combinaison

9 Le coffret

Coche la bonne réponse.

1. 2008, c'est :
  ☐ **a.** l'année où ils trouvent le coffret.
  ☐ **b.** le nom du coffret.
  ☐ **c.** la date de fabrication du coffret.

2. W12 reconnaît :
  ☐ **a.** 0 objet.
  ☐ **b.** seulement deux ou trois objets.
  ☐ **c.** tous les objets du coffret.

3. Selon Luke, le coffret contient :
  ☐ **a.** une potion magique pour être invisible.
  ☐ **b.** une pierre philosophale qui rend les hommes éternels.
  ☐ **c.** des images de chanteurs.

4. Les objets du coffret ont :
  ☐ **a.** trois siècles.
  ☐ **b.** trente siècles.
  ☐ **c.** treize siècles.

5. Que font Luke, Marc et Mina avec le coffret ?
  ☐ **a.** Ils le donnent à W12.
  ☐ **b.** Ils l'apportent à la Commandance.
  ☐ **c.** Ils le font disparaître.

6. À la fin, ils préparent un nouveau coffret :
  ☐ **a.** pour leurs amis.
  ☐ **b.** pour les hommes du passé.
  ☐ **c.** pour les générations futures.

Entoure les objets qui sont dans le coffret.

un cahier – un appareil photo – un C.D. – un couteau –
un briquet – un journal – un lecteur MP3 – des livres de Tolkien –
des lunettes – une fourchette – des images de football – des stylos
– un téléphone portable – une PSP – des baskets

 L'objet mystérieux

**Lis les descriptions suivantes. Laquelle correspond à celle de
l'objet mystérieux ?**

1. Il est rectangulaire. Il est en plastique. Il a une roulette rouge
   sur le côté.

2. Il est en fer. Il est allongé et mesure cinq centimètres.
   Il a une petite roulette sur un côté.

3. Il est en plastique avec une partie métallique.
   Sa forme est allongée. Il n'est pas grand et il mesure
   entre 5 et 7 centimètres.

 Vrai ou faux ? Justifie ta réponse.

	Vrai	Faux
1. Didakta explique à Mina ce qu'est un briquet.	☐	☐
2. Mina trouve la photo d'un briquet orange dans les archives.	☐	☐
3. Les habitudes des adolescents du XXIe siècle mettent Mina sur la piste du briquet.	☐	☐
4. Luke joue avec la roulette du briquet.	☐	☐
5. Selon Marc, jouer avec le briquet n'est pas dangereux.	☐	☐
6. Il y a peut-être du gaz dans le briquet.	☐	☐
7. Luke lâche le briquet car il y a une étincelle.	☐	☐

Activités

 Les intrus

Un intrus s'est glissé dans chaque liste. Barre-le.

1. adolescents – parents – jeunes – enfants
2. peur – terreur – chaleur – panique
3. enquêter – rechercher – inventer – s'informer
4. consulter – chercher – lire – expliquer
5. espionner – paralyser – observer – regarder

 Du rêve à la réalité

Remets les lettres dans l'ordre et résous les énigmes.

Ê	V	E	R		M	O	M	I	L	E	S		I	N	U	T

V	É	R	E	L	I		N	I	M	O	P	R	É	T	I	O	N

1. C'est la durée entre le coucher et le lever du soleil. → la _ U _ _
2. C'est l'état pendant lequel on dort. → le _ _ _ M _ _ _
3. Ce sont les images que l'on voit quand on dort. → un _ _ _ E
4. C'est l'impression de savoir ce qui va se passer
   → une _ _ É _ _ _ _ _ _ _ _
5. C'est la fin de la nuit. → le _ _ _ _ _ L

 Vrai ou faux ? Justifie ta réponse.

	Vrai	Faux
1. Luke se souvient très bien de son rêve.	▢	▢
2. Selon Luke, une catastrophe va arriver.	▢	▢
3. Luke veut raconter son rêve à Mina.	▢	▢
4. Luke rêve de personnes inconnues.	▢	▢
5. Le rêve de Luke ne se réalise pas.	▢	▢

a. Luke raconte son rêve à Marc. Complète son récit avec les mots suivants.

catastrophe – peur – seuls – danger – personne – événement – évite

« Ce rêve me fait .... Toi et moi nous participons à un .... très important. Et nous sommes en .... Mais on n'est pas .... Il y a une autre .... Grâce à elle on .... une terrible .... ! »

b. Le rêve de Luke devient réalité. Prouve-le en répondant aux questions.

1. Pourquoi Luke et Marc sont-ils en danger ?

2. Qui est la troisième personne ?

3. Quelle catastrophe évitent-ils ?

 À toi !

À ton tour, tu prépares un coffret pour d'autres générations. Que mets-tu dans le coffret ?

 Écris la liste des recommandations que font Luke, Mina et Marc aux hommes de 2008.

Corrigés

1 1. c – 2. b – 3. e – 4. a – 5. d

2 1. c – 2. c – 3. a – 4. b

3 1. b – 2. a – 3. d – 4. c

4 1. Faux : ils respirent un gaz orange – 2. Vrai – 3. Faux : ils peuvent vivre jusqu'à 160 ans. – 4. Vrai – 5. Vrai – 6. Faux : ils se déplacent en télé-transporteur – 7. Faux

5 a. **1.** une planète – **2.** l'oxygène – **3.** l'atmosphère – **4.** une météorite – **5.** un désert – **6.** une rivière – **7.** une forêt

b. un coffret

6 3 – 5 – 13 – 8 – 10 – 1 – 4 – 7 – 9 – 14 – 6 – 12 – 2 – 11

7 1. cabine – 2. écran – 3. cyberthèque – 4. capsule – 5. combinaison – 6. gélule – 7. batteries

Mot mystérieux : inquiet

8 **Les mots du XXIᵉ siècle :** les baskets – le football – les livres – une console PSP – les stylos – les fourchettes – les journaux – les C.D. – les couteaux

Les mots de 2420 : – les gélules – les télé-transporteurs – les capsules de sommeil – un écran tactile – un cyberthéquaire – une combinaison

9 1. c – 2. b – 3. b – 4. a – 5. c – 6. b et c

10 **Mots à entourer :** un C.D. – un couteau – un briquet – un journal – un livre sur un hobbit – une fourchette – des images de football – des stylos – une PSP – des baskets

3.

12 1. Faux : W12 ne connaît pas cet objet – 2. Faux : le briquet est bleu – 3. Vrai – 4. Vrai – 5. Faux – 6. Vrai – 7. Faux : il a peur de faire une étincelle

13 1. parents – 2. chaleur – 3. inventer – 4. expliquer –
5. paralyser

14 1. la nuit – 2. le sommeil – 3. un rêve – 4. une prémonition
– 5. le réveil

15 1. Faux – 2. Vrai – 3. Faux : il veut le raconter à Marc –
4. Faux : il y a Marc dans son rêve – 5. Faux :
dans le chapitre 6 il dit : « c'est comme dans mon rêve »

16 a. « Ce rêve me fait *peur*. Toi et moi nous participons
à un *événement* très important. Et nous sommes en *danger*.
Mais on n'est pas *seuls*. Il y a une autre *personne*.
Grâce à elle on *évite* une terrible *catastrophe* ! »

b. **1.** Ils jouent avec un briquet – **2.** Mina – **3.** Ils peuvent faire exploser la Terre.

 libre

18 libre

45

Découvrez
toute la collection
Lire en
français facile

avec ou sans
CD audio

de 300 à 500 mots

Série Tranches de vie — *Double Je*, V. Guérin

Série Science-fiction — *Si c'était vrai...*, S. Bataille

Série Fantastique — *Peur sur la ville*, A. Roy

Série policier — *La Disparition*, M. Gutleben

Série Aventures — *Le Trésor de la Marie-Galante*,
A. Leballeur

de 500 à 900 mots

Série Science-fiction — *Le Prisonnier du temps*, A. Roy

Série Fantastique — *La Cité perdue*, L. Lamarche

Série policier — *Attention aux pickpockets !*,
L. Lamarche

Dépôt légal 11/2011 Collection n°47 - Édition 04
15/5685/1